Pingüino

Serie "Datos divertidos sobre las aves para niños "

Escrito por Michelle Hawkins

Pingüino

Serie "Datos divertidos sobre las aves para los niños"

Por: Michelle Hawkins

Versión 1.1 n.o enero de 2021

Publicado por Michelle Hawkins en KDP

Toda la información de este libro ha sido cuidadosamente investigada y comprobada para la exactitud de los hechos. Sin embargo, el autor y el editor no garantizan, expresa o implícitamente, que la información contenida en este documento sea apropiada para cada individuo, situación o propósito y no asume ninguna responsabilidad por errores u omisiones.

El lector asume el riesgo y la plena responsabilidad de todas las acciones. El autor no será responsable de ninguna pérdida o daño, ya sea consecuente, incidental, especial o de otro tipo, que pueda resultar de la información presentada en este libro.

Todas las imágenes son gratuitas para su uso o compradas en sitios de fotos de stock o libres de regalías para uso comercial. He confiado en mis propias observaciones, así como en muchas fuentes diferentes para este libro, y he hecho todo lo posible para comprobar los hechos y dar crédito donde se debe. En caso de que cualquier material se utilice sin el permiso adecuado, por favor póngase en contacto conmigo para que la supervisión pueda ser corregida.

El Pingán Emperador puede pesar hasta ochenta libras.

Un gran grupo de Pinguinos se llama un 'rookery.'

Los Pinguinos pueden ser tan altos como cuatro pies y tan cortos como dieciséis pulgadas.

Los Pinguinos comen piedras para ayudarles con su digestión.

La mayoría de los Pinguinos se reproducen durante la primavera y el verano.

Los Pinguinos pueden mantener los huevos entre sus pies.

Los cinco Penguins en la lista de especies en peligro de extinción son el Pingán Africano, el Pingán de cresta erecta, el Pingán de Galápagos, el Pingán Saltamontes del Roca del Norte y el Pingán de ojos Amarillos.

Cuando los Pinguinos anidan en la Antártida, las temperaturas pueden bajar hasta -100 oF.

En una inmersión, un Pinguinos puede recolectar hasta treinta peces.

Una forma de diversión para los Pinguinos es deslizarse por icebergs en su estómago.

Los Pinguinos sólo comen carne, lo que los hace carnívoros.

En tierra, los ojos de Pinguinos son miopes.

Pinguinos viven entre seis y veinticinco años.

Pinguinos se mete al caminar debido a que sus piernas son cortas y gruesas.

Los Pinguinos ponen de uno a dos huevos, dependiendo de la raza.

Pinguinos se apiñan juntos para el calor.

Para que los Pinguinos se enfríen, jadearán como un perro.

Los Pinguinos no pueden respirar bajo el agua.

Un Pinganillo puede caminar más rápido que los humanos.

Hay diecisiete tipos diferentes de Pinguinos.

Los Pinguinos comen principalmente peces y calamares del océano.

Los Pinguinos usan aceite en sus plumas para mantenerlas impermeables.

Los Pinguinos pueden beber agua salada sin efectos adversos.

Los jóvenes Pinguinos se llaman.'

Los pinguinos han existido por más de sesenta millones de años.

El Día Mundial del Pinganillo es el 25 de abril.

El macho Emperador Pinguino mantendrá el huevo de bebé en sus pies durante sesenta días hasta que eclosione.

No tendrá comida durante este tiempo mientras cuida el huevo.

Mientras espera a que el huevo eclosione, puede perder hasta veinticinco libras de peso corporal.

El lenguaje corporal es la forma en que se comunican los Pinguinos.

Pinguinos tienen una audición extraordinaria y pueden elegir a su familia en una colonia por el sonido de su voz.

Cinco especies de Pinguinos vulnerables son el Fiordland Pinguinos, Humboldt Pinguinos, Macaroni Pinguinos, Southern Rockhopper Pinguinos, y el Snare Pinguinos.

Pinguinos se paran rectos como lo hacen los humanos.

Todos los Pinguinos están en el hemisferio sur, tan al norte como la isla de Galápagos.

Un grupo de Pinguinos de tierra se llama un 'waddle.'

Los Pinguinos pueden caminar entre cuatro y seis millas por hora.

Cuando un Pinguino está mudando, no pueden entrar en el agua hasta que sus plumas vuelvan a crecer. Sus plumas son lo que las hace impermeables y capaces de nadar.

Los Pinguinos no vuelan; sino que, en su lugar, caminar y nadar dondequiera que vayan.

Las plumas de un Pinguinos es su aislamiento contra el frío.

Pinguinos están en el agua 75% de las veces.

Los Pinguinos no son mamíferos, pero se consideran un ave.

Cuando un grupo de Pinguinos está en el agua, se les llama.'

Los Pinguinos pueden mantener su descanso hasta veinte minutos.

Pinguinos se ven como un pájaro en vuelo cuando está bajo el agua.

Los pinguinos siempre deben estar cuidando sus plumas para mantenerlos impermeables.

La mayoría de los Pinguinos se turnan para mantener su huevo caliente.

Cuanto más grande sea el Pinguino, más frío será el clima donde viven.

Las alas del Pinganillo son aletas.

Las tres especies de Pinguinos casi amenazados son el Pingán Emperador, el Pingán Magallanes y el Pinguino Real.

Los pinguinos pueden beber agua salada.

El Emperador Pinguino puede bucear más de 1.000 pies en el océano para comer.

Con el esmoquin coloreando en un Pingán, se camuflan bajo el agua.

El Pinguino Kind tiene cuatro capas de plumas para el calor.

Pinguinos pesan entre dos y setenta y ocho libras.

Los pinguinos no tienen dientes, pero tienen espinas en la lengua para ayudarles a agarrar su comida.

Los pinguinos son las aves nadando más rápidas del mundo.

Los ojos en Pinguinos son geniales para detectar alimentos bajo el agua.

Los pinguinos tienen hasta setenta plumas en cada centímetro cuadrado de sus cuerpos.

Los pinguinos pueden nadar hasta quince millas por hora.

Los Pinguinos masculinos y femeninos tienen el mismo aspecto sin diferencias notables.

La temperatura corporal promedio del Pingán es de 100 oF.

Pinguinos no mastican su comida, sino que lo tragan entero.

Los únicos animales de los que se preocupan los Pinguinos viven en el agua.

Los pinguinos no le temen a los humanos.

Diez especies diferentes de Pinguinos están en estado de conservación.

Los Pinguinos tienen huesos sólidos, donde la mayoría de las otras aves tienen huesos huecos.

No Pinguinos están en el Polo Norte, sólo en el Polo Sur.

Los padres de Pinguinos cuidarán de sus crías hasta que puedan obtener alimentos de forma independiente sin ayuda.

Encuéntrame en Amazon en:

https://amzn.to/3oqoXoG

y en Facebooks en:

https://bit.ly/3ovFJ5V

Otros libros de Michelle Hawkins

Serie

Datos divertidos sobre los pájaros para los niños.

Dato curioso sobre frutas y verduras

Datos divertidos sobre animales pequeños

Made in the USA
Thornton, CO
02/23/24 20:15:04

f9a3902a-9537-4620-bd6a-699e7a5ed155R01